BEI GRIN MACHT SICH IHR WISSEN BEZAHLT

- Wir veröffentlichen Ihre Hausarbeit, Bachelor- und Masterarbeit

- Ihr eigenes eBook und Buch - weltweit in allen wichtigen Shops

- Verdienen Sie an jedem Verkauf

Jetzt bei www.GRIN.com hochladen und kostenlos publizieren

Joachim Stöter

Terroristen – Und die Täter des 11. September

GRIN Verlag

Bibliografische Information der Deutschen Nationalbibliothek:

Die Deutsche Bibliothek verzeichnet diese Publikation in der Deutschen National-
bibliografie; detaillierte bibliografische Daten sind im Internet über http://dnb.d-
nb.de/ abrufbar.

Impressum:

Copyright © 2004 GRIN Verlag GmbH
Druck und Bindung: Books on Demand GmbH, Norderstedt Germany
ISBN: 978-3-640-31875-9

Dieses Buch bei GRIN:

http://www.grin.com/de/e-book/126350/terroristen-und-die-taeter-des-11-september

GRIN - Your knowledge has value

Der GRIN Verlag publiziert seit 1998 wissenschaftliche Arbeiten von Studenten, Hochschullehrern und anderen Akademikern als eBook und gedrucktes Buch. Die Verlagswebsite www.grin.com ist die ideale Plattform zur Veröffentlichung von Hausarbeiten, Abschlussarbeiten, wissenschaftlichen Aufsätzen, Dissertationen und Fachbüchern.

Besuchen Sie uns im Internet:

http://www.grin.com/

http://www.facebook.com/grincom

http://www.twitter.com/grin_com

FOV Politische & Kulturelle Psychologie VAK: 11 – 4506   15.05.04
„11.September 2001. Der Beitrag der Pol. & Kult. Psych.
zum Verständnis der Ursachen und Folgen von Terrorismus und kollektiven Traumata"
Referent: Joachim Stöter

Terroristen – Und die Täter

des 11. September

Terroristen – Und die Täter des 11. September

1.0) Terrorismus – Eine kurze Definition:

➜ Brockhaus (1992): *Terrorismus* (lat.), der; planmäßige Anwendung von Terror zur Erreichung politischer, sozialer oder militärischer Ziele. Im allgemeinen Sprachgebrauch werden die Begriffe Terror und *Terrorismus* jedoch oft gleichgesetzt. In den letzten Jahrzehnten griffen immer zahlreicher radikale Gruppen zum Mittel des planmäßigen Terrors. Dabei nahmen Attentate, Sabotage, Überfälle sowie die Entführung von Personen zu Lande und in der Luft (Luftpiraterie) ständig zu.

➜ Brockhaus (1992): *Terror* (lat.), der; Schrecken.

➜ Ulrich Schneckener (SWP – 2002): Bei Terrorismus handelt es sich um eine Gewaltstrategie nicht-staatlicher Akteure, die damit nach eigener Aussage politische Ziele durchsetzen wollen.

2.0) Terroristen – Die Täter:

2.1) Was zeichnet einen Terroristen aus ?

Die Frage ob ein Terrorist von einem normalen Bürger zu unterscheiden ist, ist vermutlich so alt, wie das Phänomen Terrorismus. Doch muss sich die Wissenschaft eingestehen, dass sie weit davon entfernt ist, den terroristischen Persönlichkeitstypus zu entdecken. *Walter Laquer*, einer der renommiertesten Terrorismus-Forscher selbst, gibt zu, dass die Suche nach einer terroristischen Persönlichkeit vergeblich ist (vgl. Der Weg in die Gewalt, 1978, S. 183). Auch *Martha Crenshaw*, die in den 50er Jahren die „National Liberation Front" (FLN) in Algerien untersuchte, kam zu dem Schluss, dass die Mitglieder dieser Terrororganisation im Grunde nicht vom normalen Bürger zu unterscheiden seien (vgl. Origins of Terrorism, 1990, S.26). Gleiches stellte *K. Heskin* fest, der sich der IRA widmete. Keiner der Untersuchten sei „emotionally disturbed" (vgl. Origins of Terrorism, 1990, S.26).

Auch in neueren Werken, anderer Herangehensweise hat sich an diesem Standpunkt wenig geändert, so liest man bei *H. Shmuel Erlich*: „I believe, that the attempt to depict „the Terrorist" as a deranged, emotionally deprived and impoverished, mentally ill person is misleading and basically wrong" (siehe: Volience or Dialogue, 2003, S. 148).

Die gesamte Literatur hindurch ist dieser Grundtenor zu vernehmen, an dem auch vereinzelte Untersuchungen aus dem Deutschland der Siebziger nicht viel ändern, die äußerst systematisch, mittels psychoanalytischen Methoden mit gefangenen RAF-Leuten arbeiten. An dieser Stelle sei lediglich auf die vom Bundesministerium für Inneres herausgegebene vier Bände umfassende Reihe „Analysen zum Terrorismus" verwiesen, mit besonderem Augenmerk auf Band 2, „Lebenslaufanalysen". Die größte Gemeinsamkeit sei, so viele Autoren, dass die Terroristen so unterschiedlich seien.

Aber sind sie das wirklich? Lässt sich kein gemeinsamer Nenner finden? Nun, eine Betrachtung der rein demoskopischen Daten, führt zumindest zu gewissen Eckdaten, die über einen großen Anteil der Betrachteten streuen. So lässt sich festhalten, dass Terroristen in der Regel junge, männliche, nicht verheiratete Personen sind. Sie befinden sich in der kritischen Phase des Erwachsenwerdens, was zumindest einen Erklärungsansatz liefern könnte. Ihr familiärer Hintergrund, so verschieden er im Einzelnen sein mag, zeigt ebenfalls über die Menge untersuchter oder besser, bekannter Terroristen folgende Gemeinsamkeit auf. Fast alle stammen aus respektablen Mittelstandsfamilien, manche sogar aus äußerst wohlhabenden

Familien. Des Weiteren hat ein erheblicher Anteil studiert oder zumindest ein nicht unerhebliches Maß an Bildung genossen. Die beiden letzten Punkte widersprechen der intuitiven Annahme, dass persönliche Chancen- und Aussichtslosigkeit ein Hauptgrund für eine Partizipation an terroristischen Aktivitäten sein könnte.

Auch eine Involvierung in eine politische oder sonst wie ideologisch orientierte Gruppierung ist häufig anzutreffen. Diese Gruppen sind zum Teil sehr auf sich bezogen und schaffen sich eine eigene, von der objektiven Umwelt abgegrenzte subjektive Realität, z.b. die Studentengruppierungen im Deutschland der Siebziger oder Diasporagemeinschaften von Muslims in europäischen Ländern oder Nordamerika. Im Rahmen dieser Gruppen, oder einer der sie sich dann anschlossen, kommt es häufig zu einer Radikalisierung ihrer Überzeugungen; wie *W.Bohleber* sagt..."the ideology of the group defines what is good and bad" (siehe: Volience or Dialogue, 2003, S. 126). Dies vertieft dann die Trennung zwischen objektiver Realität und subjektiver Gruppenrealität. Im Extremfall verbindet ein besonderes Ereignis, wie ein gemeinsam begangenes Verbrechen, oder der Tod eines Gruppenmitglieds dieses Zusammengehörigkeitsgefühl. So existieren Berichte aus Trainingslagern des Islamischen Jiihad im Libanon, in denen beschrieben wird, dass einer aus jeder Gruppe sich selbst sein Leben musste, indem er, mit Sprengstoff versehen, in einem Auto gegen eine Wand rasen musste (vgl. Violence or Dialogue, 2003, S. 129). Meist sieht man sich des weiteren als Helfer einer unterdrückten Gruppe, dies mag eine bestimmte gesellschaftliche Schicht, eine bestimmte Volksgruppe, die Bewohner einer bestimmten Region oder gar eines gesamten Glaubensystems sein. Daraus wird letztlich die moralische Überlegenheit gegenüber den „anderen" abgeleitet, wer auch immer dies im Einzelfall sein mag, meist aber eine staatliche Autorität.

Soviel zunächst zu den Gemeinsamkeiten, die grob vereinfacht auf beinahe alle Terrororganisationen zutreffen.

2.2) Methodische Probleme:

Bei dieser Ansammlung von Daten und den eingangs erwähnten Einschränkungen, sei kurz auf die Probleme des wissenschaftlichen Zugangs zum Phänomen „Terrorist" hingewiesen. Zunächst, und das wenden die meisten Forscher selbst ein, ist es extrem schwierig eine Kontrollgruppe zur untersuchten Terrorgruppe zu etablieren, dies ist bei den erwähnten Untersuchungen aus Deutschland ausgeblieben, wurde jedoch von *Ferracuti* in Bezug auf die italienischen Roten Brigaden versucht. Dabei wurden Terroristen besagter Organisation mit

5

politisch aktiven Jugendlichen verglichen. Aber auch hier wurden keine wesentlichen Unterschiede im familiären Hintergrund gefunden (vgl. Origins of Terrorism, 1990, S.29).

Auch die psychoanalytische Herangehensweise muss an ihre Grenzen stoßen, wenn sie mit inhaftierten Terroristen arbeitet, werden diese doch alles andere als kooperativ sein. Und letztlich stellen die geringen Stichprobengrößen ein weiteres methodisches Problem dar. Von den Problemen der Arbeit mit Selbstmordattentätern ganz zu schweigen.

Selbst vorhandene und theoretisch nutzbare Ergebnisse können schwerlich auf andere Gruppen übertragen werden..."to be sure, each terrorist group is unique and must be studied in the context of it´s own national culture and history." (siehe *J. M. Post* in Origins of Terrorism, 1990, S. 29).

Hiermit sei nur kurz angerissen, wie groß die Hürden einer wissenschaftlichen Arbeit sind, dennoch bestehen zumindest Möglichkeiten der Kategorisierung und somit des partiellen Verständnisses.

2.3) Unterscheidungen nach *Schneckener*:

Nun wollen wir kurz die rein individuelle Ebene außer Acht lassen und uns den Strukturen von Terrororganisationen widmen, da eben diese Rückschlüsse auf Motivlage und Handlungsbereitschaft der Terroristen zulassen.

Ulrich Schneckener, der im Besonderen die Struktur von Terror-Netzwerken untersucht, liefert eine interessante Gliederung bestimmter Formen der, wie er es nennt, privaten Gewalt. Er unterteilt dabei die existierenden nicht-staatlichen Gewaltakteure (wie Terror-organisationen, Guerillabewegungen, Warlords, Mafia-Banden etc.) im Rahmen von vier Analyseebenen.

- 1. territoriale vs. nicht-territoriale Orientierung, welche der Frage nachgeht, ob eine Gruppierung ein Interesse an der handfesten Kontrolle oder Eroberung eines Gebietes hat, wobei sie sich als künftige Armee dieser Region sieht.
- 2. physische vs. psychische Gewalt als Mittel der Wahl, um seine Ziele zu erreichen. Dabei ist ersteres gezielt auf das militärische Besiegen des Gegners bezogen, um später dessen Stelle einzunehmen. Letzteres hat die Verbreitung von Panik und Schrecken zum Ziel, ohne dabei den Gegenüber im klassischen Sinne militärisch besiegen zu wollen.

- 3. Angriff auf Kombattanten vs. Attentate auf Nicht-Kombattanten, welche die Frage nach den Opfer der Gewalt stellen, während militärische Siege nicht zwingend getötete Zivilisten erfordern, ist dies der Kern des Terrors. Hierbei ist zu beachten, dass Staatsdiener aller Art in den Augen von Guerillabewegungen ebenfalls als Kombattanten gesehen werden.

- 4. politische vs. ökonomische Motivation, stellt die Frage nach den Zielen des Handelns. Politisch motiviert meint hierbei, dass ein konkretes politisches Ziel, wie die Schaffung eines eigenen Staates oder die Vereinigung aller Muslims besteht. Ökonomisch verweist auf rein materielle Interessen.

	territorial vs. nicht-territorial	physisch vs. Psychisch	Kombattanten vs. Nicht-Kombattanten	politische vs. ökonomische Motivation
Guerilla- bzw. Rebellenbewegung	Territorial	Physisch	Kombattanten	politisch
Terrororganisation	Nicht-territorial	Psychisch	Nicht-Kombattanten	politisch
Kriegsherren/Warlords	Territorial	Physisch/ psychisch	Nicht-Kombattanten	ökonomisch
Organisierte Kriminalität	Nicht-territorial	Psychisch	Nicht-Kombattanten	ökonomisch

Tabelle 1.0 (aus U. Schneckener, Netzwerke des Terrors, 2002, S. 14)

Bei diesen Differenzierungen ist natürlich zu beachten, dass die Übergänge fließend sind und sich viele Parallelformen finden, eine so harte Unterteilung wie es die Grafik suggeriert existiert natürlich nicht. Viele Organisationen finden sich zum Teil auch in Zwischenstufen, im Übergang von der einen Form zur anderen. So hat die UÇK im Kosovo zunächst als Terrororganisation begonnen, die zunehmende, offene Unterstützung großer Teile der Bevölkerung hat dann aber zu der Entwicklung einer Guerillabewegung geführt (vgl. *U. Schneckener* in Netzwerke des Terrors, 2002, S. 13).

Dieses Schema ermöglicht einem nun, die allgemein bekannten Terrororganisationen einzuordnen. Offenkundig ist nun, dass die uns interessierenden Organisationen ein politisches Interesse haben, welches sie mittels psychischer Druckmittel durchsetzen wollen, die Opfer sind dabei in der Regel Zivilisten. Das Töten von Militärs ist hier ebenfalls unter dem Aspekt der Schreckensverbreitung zu sehen.

An dieser Stelle sei auf verschiedene uns bekannte Terrororganisationen verwiesen, die bei genauerer Betrachtung jedoch strukturelle Unterschiede aufweisen, welche wie erwähnt Rückschlüsse auf deren Motivlage zulassen. Und im weiteren einen Vergleich aus methodischer Sicht erschweren.

Nehmen wir exemplarisch die ETA („Euskadi ta Askatasuna", zu deutsch: Baskenland und Freiheit), die RAF (Rote Armee Fraktion), die PLO („Palestine Liberation Organization") und letztlich die Al-Qaida (zu deutsch: Die Basis). Dies erhebt keinen Anspruch auf Vollständigkeit oder Repräsentativität. All diese Organisationen sind vermeintliche Terrororganisationen. Doch schon bei Betrachtung der ETA und PLO fällt auf, dass sie ein handfestes territoriales Interesse haben, nämlich die Schaffung eines unabhängigen Staates. Betrachtet man nun noch die Ebene 3, so ist die ETA schon beinahe als Guerillaorganisation zu sehen (zumindest in Zügen), kalkuliert sie doch in erster Linie Staatsdiener als Opfer ein (http://www.userlearn.ch/grenchen/downloads/terroranschlaegedereta.doc).

Betrachten wir nun eine weitere von *Schneckener* angebotene Unterteilung, die uns tiefer in die Strukturen der Terrororganisationen bringt.

3.0) Drei Arten des Terrorismus:

a) Nationaler Terrorismus
b) Internationaler Terrorismus
c) Transnationaler Terrorismus

Diesen drei historisch aufeinanderfolgenden Arten des Terrorismus lassen sich die oben genannten Organisationen zuordnen. Allerdings sei auch hier erwähnt, dass die Unterscheidungen nie so klar getroffen werden können, daher muss man sich an dieser Stelle auf Überspitzungen einlassen. Die ersten beiden Punkte werden im Folgenden kurz angeführt, um dann auf den Terrorismus, der letztlich zum 11.September 2001 geführt hat, zu kommen.

3.1) RAF/ETA (Nationaler Terrorismus):

Von dieser Form des Terrorismus spricht man, wenn innerhalb eines Staates Gewalt gegen Bürger und Repräsentanten dieses ausgeübt wird. Ihr Ziel ist die Veränderung einer nationalen Ordnung, ihrer jeweiligen Ideologie entsprechend. Ausländer sind keine bewussten Opfer und ihre Anschläge finden in erster Linie im Inland statt. Bis heute ist diese Form des Terrorismus weltweit vorherrschend. Ideologische Unterschiede werden bei *J.M. Post* auf einen Bezug zum Elternhaus zurückgeführt (vgl. Origins of Terrorism, 1990, S. 30). So würden Terroristen, deren Eltern loyal dem Staat gegenüber waren, eher zu einer anarchistischen Ideologie tendieren, während dis-loyale Eltern nationalistisch-separatistische Terroristen nach sich ziehen. Auf die Aussagekraft dieser Hypothese sei an dieser Stelle nicht weiter eingegangen.

3.2) PLO/ palästinensische Terrororganisationen (Internationaler Terrorismus):

Wo zwar nationale Ziele im Vordergrund stehen, die Mittel aber internationalisiert werden, spricht man vom internationalen Terrorismus. Die Tötung von Ausländer bekommt nun einen strategischen Stellenwert, um Aufmerksamkeit auf seine Problem zu lenken. Exemplarisch ist dies im Israel-Palästina Konflikt, wo seit dem Ende der 60er Jahre Gruppen wie die PFLP (Volksfront für die Befreiung Palästinas) dazu übergingen, internationale Ziele ins Visier zu nehmen. So sind die Attentate bei den Olympischen Spielen von München 1972, oder bei der OPEC-Konferenz in Wien 1975 zu nennen. In diesem Zusammenhang stellte der PFLP-Gründer *Georges Habasch* fest: „Jahrzehntelange war die Weltmeinung weder für noch gegen die Palästinenser. Man hat uns einfach ignoriert. Jetzt wenigstens redet die Welt über uns" (vgl. Netzwerke des Terrors, 2002, S.16).

Diese beiden ersten Arten zusammengefasst, kann man sagen, dass sie sich nicht in ihren Zielen unterscheiden, sondern in ihren Strategien, Taktiken und Methoden.

3.3) Al-Qaida (Transnationaler Terrorismus):

Diese neueste Form des Terrorismus unterscheidet sich in wesentlichen Zügen von den bisherigen Formen, da sie kein konkretes nationales Ziel mehr hat, sie strebt die Umwälzung einer Weltregion oder gar die Veränderung der gesamten Welt an. Dies ist exemplarisch an der Al-Qaida zu sehen, welche die Vormachtsstellung der USA, insbesondere im vom Islam beeinflussten Kulturkreis, zu brechen sucht. Da eine Organisation dieser Ausprägung zur Umsetzung ihrer Ziele weltweit operieren muss, bedarf sie einer alle Mitglieder einenden Ideologie. Hierbei ist Religion ideal geeignet. Und da sie religiös begründet und motiviert ist, greift eine weitere Spielart der Unterscheidung, nämlich die in säkular orientierten Terrorismus, der oftmals einen engen Feindbegriff beinhaltet und sich ein hohes Maß an unschuldigen Opfern nicht erlauben kann, da er auf innerweltliche Legitimation angewiesen ist. Daher benötigt er letztlich die Unterstützung eines politischen Ablegers um seine Ziele umzusetzen. Religiöse Motivation entzieht sich dieser innerweltlichen Legitimation, dass Ziel ist auch nach dem Tode noch zu erreichen Im weiteren ist der Feindbegriff weiter gefasst, da jeder zum potentiellen Feind wird sobald er als „Ungläubiger" entlarvt scheint; beispielhaft ist dabei auch, dass die muslimischen Regime in der Golfregion, von Al-Qaida ebenfalls als Feind gesehen werden, wie z.B. das saudische Königshaus. Dies führt in der Konsequenz zu weit mehr Opfern, wie ein Blick auf die RAND-St.Andrews-Chronik am Beispiel schiitisch-islamistischer Gruppierungen belegt: „Obwohl diese nur acht Prozent aller internationalen Terrorakte zwischen 1982 und 1989 begegangen haben, waren sie gleichwohl verantwortlich für 30 Prozent aller durch Terrorakte verursachten Todesfälle"(vgl. Netzwerke des Terrors, 2002, S. 12).

4.0) Die Attentäter des 11.September:

Nun seien die 19 Attentäter, welche die Anschläge vom 11.September 2001 durchgeführt haben kurz stichpunktartig vorgestellt. Besonders sei dabei an die eingangs erwähnten demoskopischen Ähnlichkeiten vieler Terroristen erinnert.

American Airlines 011 (Nordturm WTC)

-   Mohammed Atta   geboren 1968, Ägypten
-   Abd al-Asis al-Umari   geboren 1979, Saudi-Arabien
-   Wail al-Schari   geboren 1973, Saudi-Arabien
-   Walid M. al Schari   geboren 1978, Saudi-Arabien
-   Satam al Sudami   geboren 1976, Vereinigte Arabische Emirate

United Airlines 175 (Südturm WTC)
- Marwan al-Shehhi   geboren 1978, Vereinigte Arabische Emirate
- Fajis Ahmed   geboren 1977, Saudi-Arabien
- Ahmed al-Ghamdi   geboren 1979, Saudi-Arabien
- Hamsa al-Ghamdi   geboren 1980, Saudi-Arabien
- Mohald al-Scheri   geboren 1979, Saudi-Arabien

American Airlines 077 (Pentagon)
- Hani Hanjour   geboren 1972, Saudi-Arabien
- Chalid al-Midhar   geboren 1975, Saudi-Arabien
- Nawaf al-Hamsi   geboren 1976, Saudi-Arabien
- Madschid Mukid   geboren 1977, Saudi-Arabien
- Salim al-Hamsi   geboren 1981, Saudi-Arabien

United Airlines 093 (Shanksville)
- Ziad Jarrah   geboren 1975, Libanon
- Ahmed al-Hasnawi   geboren 1980, Saudi-Arabien
- Ahmed al-Nami   geboren 1977, Saudi-Arabien
- Said al-Ghamdi   geboren 1979, Saudi-Arabien

Bereits hier ist sind zwei Dinge zu ersehen, die Täter sind im Großen und Ganzen noch in einer sehr jungen Phase ihres Lebens, allein Mohammed Atta hat bereits das 30. Lebensjahr erreicht. Und eine weitere Besonderheit des Netzwerk-Charakters von Al-Qaida ist augenfällig. 15 der 19 Attentäter kommen aus Saudi-Arabien. Dies ist die von *Schneckener* als Familien-Struktur bezeichnete Organisation der Terrorzellen der Al-Qaida. Dies soll zu einer großen Verbundenheit der Täter untereinander führen und somit den Gruppencharakter stärken.

Nun seien zu einigen der Täter noch weitere Daten, so sie bekannt sind, genannt, die weitere Gemeinsamkeiten aufzeigen.

- **Marwan al-Shehhi**, geboren 1978, Vereinigte Arabische Emirate, Pilot
  Student, Sohn eines islamischen Predigers, kam als 18Jähriger nach
  Deutschland mittels Militärstipendium, lernte in Bonn am Goethe-Institut Deutsch,
  besuchte ein Studienkolleg, zog später nach Hamburg

- **Ziad Jarrah**, geboren 1975, Libanon, Pilot

  Aus gutem Hause, Sonnyboy, trank gerne und studierte fleißig, immer pünktlich bei seinem Flugtraining, meist gut gelaunt, half anderen, munterte andere auf

- **Hani Hanjour**, geboren 1972, Saudi-Arabien, Pilot

  1991 das erste Mal in den USA, große Probleme bei der Flugausbildung, nervös, unkonzentriert, Sprachprogramm an der Universität von Arizona, ab 1996 permanent in den USA, Probleme im Umgang in den USA, besuchte so oft wie möglich, die Dar-Ulum-Moschee

- **Madschid Mukid**, geboren 1977, Saudi-Arabien, Kämpfer

  Sohn eines Beduinen-Stammesfürsten aus der Nähe von Riad, besuchte die Jura-Fakultät der König-Saud-Universität

- **Mohald al-Scheri**, geboren 1979, Saudi-Arabien, Kämpfer

  studierte ein Semester an der Islamischen Universität Abha, zog dann nach Riad und verschwand nach Tschetschenien

- **Walid M. al Schari** (78) und **Wail al-Schari** (73) ‚Saudi-Arabien, Kämpfer

  Brüder, Student mit "Psycho-Problemen" und Physiklehrer aus Chamis Muscheit, zwei von elf Söhne eines erfolgreichen Geschäftmannes

- **Ahmed al-Nami**, geboren 1977, Saudi-Arabien, Kämpfer

  brach im August 2000 zu einer Pilgerfahrt nach Mekka auf, kehrte nicht zurück, war Imam an der Moschee von Asir (hohe Ehre für jungen Mann), laut Eltern frommer Eiferer

In diesen biographischen Daten einzelner Täter finden sich wiederum Punkte, die so auch in den meisten bisherigen Untersuchungen zu finden waren, die Tatsache, dass sowohl Bildung als auch Herkunft von überdurchschnittlicher Ausprägung sind.

5.0) Psychologische Erklärungsversuche:

Zum Schluss noch ein kurzer Ausflug in die psychologischen Erklärungsansätze, die in der Literatur zu finden sind. Dies ist nur angedeutet und soll an dieser Stelle nicht vertieft werden. Lediglich einige Stichpunkte und Ideen seien hier präsentiert denen dann im Einzelnen weiter nachzugehen ist.

Ein möglicher Bereich zur Erklärung, warum Personen zu Terroristen werden könnte in der Frage des Alters liegen, denn wie bereist mehrfach verdeutlicht, scheint dies eines der wenigen Merkmale zu sein, die sich halbwegs stabil finden lassen. Da in diesen jungen Jahren der Reifungsprozess noch in vollem Gange ist, liefert evt. eine genauere dieses Zeitrahmens Hinweise, so verweist auch *Weeber* darauf, dass „...die Entwicklung zum Erwachsenen, also die Reifung, eine entscheidende Rolle spielte"(vgl. Der Weg in die Gewalt, 1978, S. 183).

Persönlichkeitseigenschaften, auch wenn eingangs als nicht nachweisbar bezeichnet bei der Entwicklung zum Terroristen, werden von einigen Autoren, dennoch dafür verantwortlich gemacht, dass manche anfälliger dafür sind. So schreibt *J.M. Post*: "It is not my intent to suggest that all terrorists suffer from borderline or narcissistic personality disorders or that the psychological mechanisms of externalization and splitting are used by every terrorist. It is my distinct impression, however, that these mechanisms are found with extremely high frequency in the population of terrorists, and contribute significantly to the uniformity of terrorists´ rhetorical style and their special psycho-logic"(siehe: Origins of Terrorism, 1990, S.27). Und letztlich sei auf die besondere Dynamik von Intra-Gruppen-Beziehungen verwiesen, die offensichtlich bei allen Terroristengruppen ein wesentlicher Grund zur Radikalisierung sind.

13

6.0) Literaturverzeichnis:

- W. Reich et al., (1990). *Origins of Terrorsim – Psychologies, Ideologies, Theologies, States of Mind*
- S. Varvin & V. Volkan et al.,(2003). *Violence or Dialogue – Psychoanalytic Insights on Terror and Terrorism*
- H. Geißler et al., (1978). *Der Weg in die Gewalt – Geistige und gesellschaftliche Ursachen des Terrorismus und seine Folgen*
- U. Schneckener (2002). *Netzwerke des Terrors – Charakter und Strukturen des transnationalen Terrorismus* (http://www.swp-berlin.org/produkte/swp_studie.php?id=1491)
- Der Spiegel (49/2001). *Das Protokoll des Irrsinns* (S. 117-165)
- http://www.userlearn.ch/grenchen/downloads/terroranschlaegedereta.doc [12.05.04]